Género **Ficción histórica**

Pregunta esencial

¿Por qué la gente emigra a otros lugares?

Gustaf viaja a Estados Unidos

Erica Larssen · ilustrado por Eric Scott Fisher

CAPÍTULO 1

Cuentos de Estados Unidos

—Cuéntame más sobre Estados Unidos —le rogué a mi tío Lars.

—Es la tierra de la abundancia, Gustaf —respondió.

—¿Es por eso que tienes tanto dinero para gastar? —pregunté, bromeando.

El tío Lars nos había traído bultos llenos de regalos cuando vino de visita a nuestro pueblo. Había llegado dos semanas atrás, y desde ese momento solo hablaba de Estados Unidos. Yo no me cansaba de escuchar sus historias. Ahora regresaba, trabajando en un barco de carga que llevaba hierro a Nueva York. Los dos esperábamos su tren en la estación. Yo estaba ansioso por cada fragmento de información.

—Hay dinero por hacer, eso es seguro —dijo—. También están otorgando buenas tierras. Solo necesitas estar de acuerdo en trabajarla durante cinco años.

—Soy un gran trabajador, tío. Llévame contigo y pediré una granja.

—Lo siento, Gustaf, pero eres demasiado valioso aquí para tu familia —dijo. Noté que mi tío Lars sentía tristeza al decírmelo. Él sabía que no me gustaba trabajar para el granjero Muller.

—¿Sabías, tío, que tu viejo amigo Jim Swenson estuvo aquí el mes pasado? —pregunté—. Ahora vive en Chicago. La ciudad está creciendo, y él gana diez veces más que lo que ganaba en Suecia. Su traje era de lana tan fina que Rosie pensó que era millonario.

—Tu hermana siempre ha tenido buen ojo para las telas —dijo mi tío—. Ahora, dime qué más has oído sobre Jim Swenson.

—Se sorprendió cuando vio los precios de los alimentos en el mercado del pueblo, y le comentamos que nuestras cosechas habían sido malas este año. Dijo que la comida era barata en Estados Unidos.

Cuando vi a mi tío subirse al tren, quise saltar con él. Pensé en viajar de polizón en su barco y luego, si me descubrían, tirarme por la borda y nadar hasta Estados Unidos.

En cambio, hice adiós con la mano y caminé desanimado hasta casa. Sabía que mi hermanito Olaf me estaría esperando en la azotea o en la puerta para que lo ayudara a hacer sus tareas con el ábaco, o para contarme un cuento fantástico sobre indígenas o animales salvajes con ojos de fuego y dientes como espadas. Y allí estaba.

—Te perdiste un lobo enorme —dijo—. Lo espanté.

Intenté sonreírle a Olaf cuando me abrió la puerta, pero la sonrisa no me salió.

Después de la visita de mi tío, el invierno se instaló como una pesada manta sobre el pueblo. Los inviernos en Suecia son largos y oscuros. Por las noches, todos hacíamos cosas para vender en el mercado. Mi padre y mi hermano Michael fabricaban muebles en el frío establo. Yo tenía suerte. Me sentaba junto al fuego con mi hermana y el pequeño Olaf. Mi hermana tejía gorras, chales y bufandas. Olaf ayudaba y nos entretenía con sus historias. Mientras tanto, mi madre hacía mantequilla y queso con la leche que daban nuestras dos vacas.

CAPÍTULO 2

Una decisión difícil

Era un invierno muy duro. Una noche, me senté con mi madre, mi padre, Michael, Rosie y Olaf. El fuego chisporroteaba, los cuchillos rascaban la madera y las agujas chasqueaban. Mi madre aclaró la voz.

—Niños, su padre y yo tenemos algo que contarles. Hemos vendido las dos vacas.

—Pero madre —dijo Rosie—, Sadie y Ellen eran parte de la familia.

Todos nos pusimos tristes al escuchar la noticia.

—No tuvimos opción —dijo mi padre—. Hay seis bocas que alimentar y necesitábamos el dinero.

—Creo que fue una buena idea —dijo Michael—. Estoy cansado de cenar sopa de papas todas las noches.

Miré las caras de mi familia y pensé en mi tío y en Jim Swenson, que habían regresado de Estados Unidos bien alimentados, alegres y con dinero.

—En este país hay demasiada gente, no hay suficiente tierra, los cultivos están fracasando y no hay oportunidades —dije.

—Gracias, Gustaf, por plantear nuestros problemas tan claramente —dijo mi padre.

—En Estados Unidos —dije—, hay buena tierra esperando que alguien la cultive.

—Supongo que además las calles están pavimentadas con oro —dijo mi padre.

—No, pero en verano los campos están cubiertos de trigo dorado —dije.

Rosie me miró intensamente.

—Te necesitamos aquí —dijo.

—Sería mejor para todos nosotros si pruebo suerte en Estados Unidos —dije—. Enviaré dinero y pronto superaré lo que gano con Muller.

Mi madre suspiró, y supe que si me pedía que me quedara, lo haría. Para mi sorpresa dijo:

—Tienes 18 años, Gustaf. Sabes lo que quieres. Prueba suerte en Estados Unidos, pero no te olvides de nosotros.

Una mañana, a principios de febrero, me levanté antes del amanecer. Era hora de partir. Mi madre había estado guardando algo de pan y rodajas de salchicha. Me lo preparó para comer en el viaje.

Todos me despidieron como si creyeran que nunca nos volveríamos a ver. Mi madre me abrazó. Mi hermano Michael me dio la mano. Mi hermana Rosie lloró como un bebé y me suplicó que le escribiera. Mi padre me pidió que no me olvidara de la familia una vez que me instalara en Estados Unidos. Me dijo que si siempre intentaba hacer las cosas de la manera correcta, como me había enseñado, todo marcharía bien. El pequeño Olaf no dijo nada. Solo me miraba enojado.

—Te necesito aquí para que la familia esté segura —le dije—, pero no pasará mucho tiempo hasta que puedas visitarme en mi granja.

Olaf asintió seriamente con la cabeza. Luego, me tiró del brazo. Me arrodillé.

—Ten cuidado con los osos —me susurró al oído. Luego, hizo adiós con la mano.

Detective del lenguaje Los sustantivos madre y padre, ¿son masculinos o femeninos?

CAPÍTULO 3

Hacia Estados Unidos

Tenía que caminar 20 millas hasta la estación de trenes. Luego, tomaría un tren hasta la ciudad portuaria de Gotemburgo. Desde allí, un barco me llevaría hasta Nueva York. Viajé en la bodega, donde tenía una cama y mucha comida. La mayoría de la gente en la bodega era sueca, y había música y baile para aquellos que no se sentían mareados. Incluso estudié inglés en el viaje.

Después de siete semanas de viaje en barco, llegué a Nueva York. Luego, viajé en tren y en carreta hasta Minnesota.

Al final del verano, envié mi primera carta a la familia. Les conté sobre mi nuevo trabajo para un granjero llamado Jonsen.

Los Jonsen me dieron cama y comida. A cambio, trabajé en la granja. La mayoría de los días comía con los demás granjeros. Los domingos compartía una comida con la familia Jonsen.

—¿Te gusta la vida en América? —preguntó un domingo la señora Jonsen. Preparaba un plato con pollo asado, salsa, papas hervidas y verduras. Los Jonsen eran de Suecia como yo, pero ahora preferían comer como se come acá.

—Mucho —dije. Mientras hablaba, me preguntaba si era verdad. Trabajaba de la mañana a la noche, y enviaba dinero a mi familia. Esta nueva vida no era muy diferente a mi antigua vida. Estaba impaciente esperando el día en que tuviera mi propia tierra.

—¿Preferirías volver a casa? Creo que la cosecha fue mejor este año, pero cada semana llegan más suecos a Minnesota —dijo la señora Jonsen.

—Es verdad —dije—. Los cultivos crecen como la maleza aquí, y tienen máquinas maravillosas que ayudan a sembrar y cosechar. Es un buen lugar para ser un granjero.

CAPÍTULO 4

La primera Navidad

Un día, justo antes de la Navidad, pasé por la casa de los Jonsen.

Me sentía un poco triste. El correo había estado realmente demorado y no había recibido ninguna carta de mi familia durante un mes. Imaginaba a todos preparando el gran festín de Navidad. Aun cuando los tiempos fueran duros, mi madre prepararía una deliciosa comida. Su arroz con leche era mi favorito.

La señora Jonsen sonrió cuando me vio. Sostenía algo en la mano.

—Gustaf, llegaron estas cartas para ti. Estaban en el almacén de ramos generales.

Detective del lenguaje **¿Cuál es la abreviatura de la palabra subrayada?**

Inspeccioné cuidadosamente las dos cartas. La primera carta era del gobierno y traía buenas noticias. ¡Iba a convertirme en propietario!

Imaginé una porción de tierra cubierta de árboles, cerca de un río y un peñasco. Lo primero que haría sería desmontar el terreno y cortar los troncos para construir una casa.

—No olvides la otra carta —dijo Alice, la hija de los Jonsen—. Es de Suecia.

Abrí con ansiedad la segunda carta, que era de mi hermana Rosie. Decía que toda la familia estaba ocupada planificando una gran celebración debido a que mi tío iría a casa para Navidad. Rosie continuó:

Tengo noticias de Michael. Como sabes, ha estado esperando reunirse contigo en Estados Unidos, y mamá y papá finalmente acordaron que podrá ir el año que viene, si hay trabajo para él en la granja de los Jonsen.

Te escribiré pronto.

Con amor,

Tu hermana Rosie

En ese momento, sentí la mayor felicidad en meses. Michael podría trabajar para los Jonsen y después de un tiempo tal vez podría ayudarme a desmontar mi terreno. Estaba seguro de que no pasaría mucho tiempo antes de que tuviera su propia tierra para trabajar. Después de todo, ¡esta era la tierra de la abundancia!

Me sentí excitado como un niño cuando empecé a compartir las noticias con los Jonsen. Luego, mientras las cartas pasaban de mano en mano, vi que había dos cosas más en el sobre de Rosie. Una era una pequeña fotografía de mis padres, con un mensaje escrito en la parte de atrás que decía: "Espero que nos reunamos algún día en Estados Unidos".

Lo otro era un dibujo de nuestra pequeña casa en el pueblo. Lo había hecho Olaf. Se había dibujado a sí mismo persiguiendo un dragón que lanzaba fuego por la boca mientras huía de la casa. Debajo del dibujo, había escrito un mensaje para mí. Decía: “No te preocupes. Estoy cuidando todo aquí”.

Sabía que cuando construyera mi granja, el dibujo y la fotografía ocuparían un lugar de orgullo.

Respuesta a la lectura

Resumir

Piensa en los detalles de *Gustaf viaja a Estados Unidos.* Resume los sucesos principales del cuento. Usa detalles como ayuda.

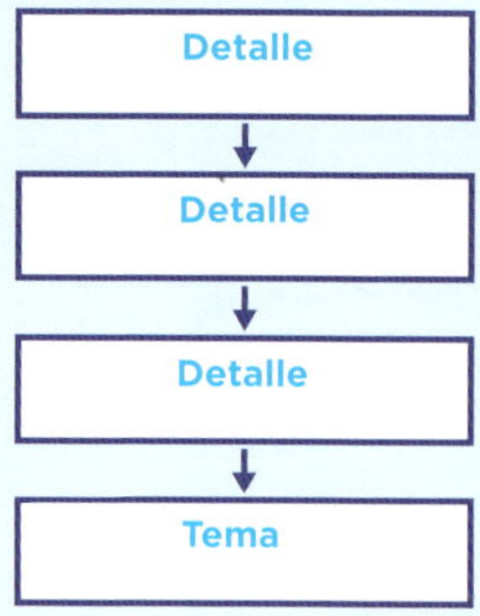

Evidencia en el texto

1. ¿Cómo sabes que *Gustaf viaja a Estados Unidos* es un texto de ficción? ¿Qué tipo de ficción es? ¿Cómo lo sabes? **GÉNERO**

2. ¿Por qué Gustaf quiere ir a Estados Unidos? **TEMA**

3. En la página 5, ¿con qué compara Gustaf al invierno? ¿Qué quiere decir? **SÍMILES**

4. ¿Por qué está Gustaf contando su historia? Escribe sobre el mensaje que crees que Gustaf está tratando de comunicar. Usa detalles del cuento para apoyar tu respuesta. **ESCRIBIR SOBRE LA LECTURA**

Género Texto expositivo

Compara los textos

Lee sobre cómo celebran su cultura los suecos que viven en Estados Unidos.

Celebración de la cultura sueca

De 1860 a 1870, la vida era dura en los países escandinavos como Suecia y Noruega. Tenían mucha población. No había suficiente tierra ni comida. En Estados Unidos, el gobierno daba tierras a los colonos para cultivarla durante al menos cinco años. Muchos suecos comenzaron a pensar en Estados Unidos como la tierra de las oportunidades.

Entre 1860 y 1930, muchos suecos decidieron emigrar al Medio Oeste de Estados Unidos. Llevaron su cultura y tradiciones suecas con ellos. Aún hoy celebran su cultura en Estados Unidos.

Suecos y noruegos en el Medio Oeste en 1872

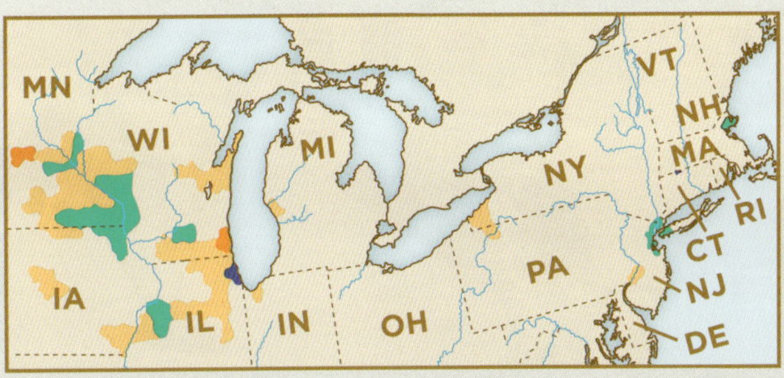

Clave
(personas por milla cuadrada)

1–3
3–6
6–15
15+

Muchos suecos que viven en Estados Unidos celebran los días de fiesta tradicionales de Suecia. Uno de estos es el solsticio estival. Es el tercer domingo de junio. Un poste decorado se eleva en un área al aire libre. Lo llaman palo de mayo. La gente baila y canta alrededor del palo de mayo. Ese día se celebra el Día de Suecia. Es un festival especial de la cultura sueca. Hacen pícnics, desfiles y danzas folclóricas.

Otra fiesta sueca es el Día de Santa Lucía. Esta fiesta marca el día más largo del invierno en Suecia.

Bailar y cantar alrededor del palo de mayo es una tradición sueca. Esta tradición se llevó a algunas partes de Estados Unidos.

Los suecos que viven en Estados Unidos celebran preparando alimentos que se comían en Suecia. Siempre hay mucha carne, pescado, papas y hortalizas encurtidas. También hay productos horneados, como distintos tipos de panes, pastelitos y galletas. Los inmigrantes suecos introdujeron en Estados Unidos el bufé escandinavo. En este, toda la comida se sirve sobre una mesa. Los invitados se sirven los platos que prefieren.

Por lo general, un bufé escandinavo se sirve en celebraciones. Siempre hay una gran cantidad de comida, que incluye pescado como el salmón.

Haz conexiones

¿Qué te indica *Celebración de la cultura sueca* sobre por qué gente de Suecia se mudó a Estados Unidos? **PREGUNTA ESENCIAL**

¿Por qué a mucha gente le gusta celebrar con comida tradicional cuando emigra a nuevos lugares? Usa ejemplos de *Gustaf viaja a Estados Unidos* y *Celebración de la cultura sueca* para apoyar tu respuesta. **EL TEXTO Y OTROS TEXTOS**

Enfoque: Género

Ficción histórica La ficción histórica narra una historia que ocurre en el pasado. Los ambientes son realistas y sacados de la historia, y pueden contener personas históricas. Pero los personajes principales, por lo general, son inventados.

Lee y descubre *Gustaf viaja a Estados Unidos* narra una historia que sucedió en el pasado. Describe un período particular en la historia de Estados Unidos. La autora investigó las historias de inmigrantes en Estados Unidos y usó hechos de sus historias en este cuento. Por ejemplo, los detalles sobre cómo la gente viajaba desde Suecia son verdaderos.

Tu turno

Elige una época del pasado e investiga algunos hechos sobre ese período. Escribe un cuento situado en el pasado, usando hechos que hayas investigado. Haz que tus personajes vivan situaciones que la gente de esa época hubiera vivido.